contradiction is dao s flow
weakness is dao s walkability

not honoring the worthy
prevents people from strife
                    Laozi

copyright text and pictures Andreas Urstadt 2014

Shock Pictures onto Weapons

Schockbilder auf Waffen

About

More get killed from guns than from cigarettes. Es sterben mehr durch Waffen als von Zigaretten.
Description
Search the internet for the following key word: gun shot wounds - look at the pictures you find.

Über

Es gibt weltweit mehr Opfer durch Waffen als durch Zigaretten.
Suche im Internet unter Bilder nach dem Schlüsselwort: Schusswunde. Die Fotos ansehen.

ENGLISH More get killed from guns than from cigarettes. Politics forgot a cause. Ignorance costs lives. It needs a much tougher and working gun regulation anhd control, it needs a tougher and more gripping weapons regulation. Shocking pictures of the results of attacks against life are to be put onto weapons waking up the user (horrible wounds, killed kids).

Weapons export and trade are to be included. Tanks, rockets, planes, drones need a a fixed picture of the results the weapons can cause. The weapons business had been forgotten in the campaigns for health.

DEUTSCH Mehr Menschen sterben weltweit an Schuss und Waffenverletzungen als an den Folgen von Zigarettenrauch. Die Politik hat angestrengt Ursachen ignoriert. Ignoration kostet Leben. Es braucht eine wesentlich schärfere Kontrolle von Waffen. Schockbilder von Waffenwunden und

Schussfolgen gehören auf Waffen unlösbar fixiert. Horrende Schusswunden, getötete Kinder zum Aufwachen.

Waffenhandel und Waffenexport wurden sträflich ignoriert, Geschäfte mit Waffen aller Art blühen, darunter Raketen, Panzer, Drohnen, Bauteile. Die Waffenlobby bleibt völlig ungeschoren vor der Bewusstmachung der Folgen.

ENGLISH

The cover shows no shocking picture but my Austrian grandfather who gave no single shot at the Russian and French front in WWII. He knew how to disable amunition. After the war he led an inn at the alps and citizen of all war parties visited him there and became friends.

DEUTSCH

Das Cover zeigt kein Schockfoto aber meinen österreichischen Großvater, der an der Russischen und Französischen Front keinen Schuss abgab. Er wusste, wie man Munition unbrauchbar macht. Nach dem Krieg führte er eine Almhütte, auf der ihn nach dem Krieg Angehörige aller Kriegsparteien besuchten und Freundschaft schlossen.

Search the internet for the following key word: gun shot wounds - look at the pictures you find.

Suche im Internet unter Bilder nach dem Schlüsselwort: Schusswunden

https://www.facebook.com/pages/Shock-pictures-onto-weapons-Schockfotos-auf-Waffen/607594382664950

Shocking Pictures onto Weapons / Schockfotos auf Waffen

PETITION:

Anliegen der Petition ist die Bewusstmachung der Folgen von Waffeneinsatz. Das bedeutet zunächst alle Arten von Waffen und im Besonderen Schusswaffen inklusive Kleinfeuerwaffen bis zu Raketen, Panzern, Minen, Drohnen, Kampfflugzeugen, Bombern, Kriegsschiffen. Es handelt sich in der Regel um Distanzwaffen, deren Wirkung nicht mehr direkt nachvollzogen wird, deren Wirkung anästhetisiert ist und wird. Der Gebrauch von Waffen insbesondere Kleinfeuerwaffen im Alltag erfolgt oftmals im Affekt und bedroht jeden und kann jeden bedrohen, der/die in die Konstellation kommt. Es kann dafür keine Toleranz geben. Dasselbe gilt für Kriegsparteien oder Bürgerkriegsparteien. Schockbilder dessen, was die Waffen auf allen Seiten anrichten, gehören auf die Waffen drauf (mit heutiger Technik ist das auch möglich). Die Bilder haben eine de-eskalierende Wirkung, sie würden sich auf dem gesamten Waffenarsenal finden und diejenigen, die über deren Einsatz entscheiden, privat oder nicht privat werden beeinflusst. Ein Schuss oder Waffeneinsatz kann zudem niemals als privat deklariert werden. Er ist nie privat.

Die Gefährlichkeit von Waffen muss auf diesen gekennzeichnet werden. Jeder (darunter auch Polizisten) kann jederzeit und das auch zufällig in Konflikte geraten, die versucht werden, mit Waffengewalt gelöst zu werden. Wer eine Waffe mit Schockfotos darauf besitzt, ist sich dieser Schockfotos immer bewusst und diese Schockfotos verfehlen nicht ihre Wirkung.

Waffen sind zudem nichts, mit denen geprahlt werden kann oder die als Vorzeigeobjekte oder Trophäen verwendet gehören.

Eine öffentliche Wirkung der Petition würde auch schon eintreten, wenn dadurch in Filmen und Spielfilmen mit Schockfotos verwendete Waffen gezeigt würden. Filme würden zusätzlich als Multiplikator dessen dienen, was die Petition erreichen soll. Das gilt auch für Berichte von Schauplätzen, an denen es zu Waffeneinsatz kam.

Die Petition steht auf den Werten der EU.

PETITION:

Matter of concern of the petition is bringing to consciousness the consequences of weapon use. This means first all kinds of weapons especially firearms including hand guns to rockets, tanks, mines, drones, planes, war ships etc. Mostly those weapons are used from distance, the effects of often went not really recognized any more, the perception restricts and oppresses ethical consequences with. The use especially of small guns in daily life often happens under emotional stress and conditions and states of a lack of control with. It can happen to anyone, a kind of situation or circumstances in daily life where one is confronted with the results and effects of such conditions. There s no tolerance about. The same counts for war parties of all kind. Shock pictures of the effects of gun use and weapon use are needed and fixed onto the weapons for balancing and regulating the use of weapons. Strong counter effects of the pictures warn and regulate the use of weapons. There s no technical restriction for putting shock pictures onto weapons. The shock pictures de-escalate.

The shock pictures will be emerging on the whole and total of all weapon s arsenals on all kinds of weapons. Shock pictures influence and change attitudes and decision makers and the public and the user of weapons. The use of weapons never is private, it s always a public matter.

The danger of weapons is to be marked on the weapons. Everyone (including police officers) can at any time and also by accident get involved into conflicts, be it as witness or bystander or another constellation. Where conflicts are tried to be solved with weapons nothing is private.

Who owns a weapon with shock pictures on always is conscious about the consequences. Those shock pictures don t fail the effect.

Weapons also are nothing to boast with. Weapons are nothing to be presented as a showpiece or as prestigious objects or trophies.

The public effect of the petition would come to effect, when following from that weapons in movies, films, comics, stage productions or other public representations of weapons would be shown with the shock pictures on, educating the audience, making them conscious and building further public awareness about. Those representations would multiply the effort and the petition. This also counts for reports in the news of places where weapons had been used, with shock pictures on.

The petition stands on the values of the E.U.

The Photographer (deutsch)

Sie sagen, Sie drückten ab, um etwas zu bekommen. Andere drückten ab, um etwas zu schicken. Das Geschickte erreiche, dass kein anderes das Beschickte mehr bekommen könne. Sie sagen, jedes Beschicken vernichte blauen Himmel, jede Art dieser Beschickung. Weder das Geschickte, noch das Beschickte blieben nach dem Vorgang übrig. Sie sagen, man könne sich darüber her machen und das Übriggebliebene anvisieren, etwas fehle dabei immer. Es gehöre etwas dazu, das nicht anwesend sei und doch der Grund für das so Übrige geworden wäre. Es fehle etwas, es fehle etwas auf den Fotos, die man vom Übrigen, dem Übrigen aufnehmen könne. Sie sagen, da habe jemand einem anderen ein Andenken verpasst. Das Andenken habe den anderen gravierend verändert. Der Andere könne sich das Andenken oftmals, der Andere habe oft keine Gelegenheit mehr zum Andenken zu stehen. Er sei mit dem Andenken verschmolzen worden. Das Andenken verteile sich vielmehr auf all diejenigen, die von diesem Andenken Notiz nehmen und Notiz genommen hätten. Sie sagen, finde ich nicht auch, dass etwas an dem Braten fehle, so könne man den Braten nicht servieren, sagen Sie. Sie sagen, es sei notgedrungen etwas anderes als Ihre sonstige Beschäftigung mit blauen Himmeln. Anstatt der Schusslöcher könnten Sie kleine Gesichter wahrnehmen, Sie realisierten den Schicker des Schussloches. Das Gesicht des Schickers werde wohl mit dem Beschickten vergehen. Die Stelle, die der Schicker getroffen habe, würde diesem nicht einmal weh tun. Sie sagen, hätte irgendwer schon mal einen Toten gesehen, der durch Beschickung fixiert worden wäre. Sie sagen, der Beschickte würde sich langsam verändern. Es herrsche große Aktivität, schon bei Hitze bliebe schnell nicht mehr viel übrig als ein gebleichtes Schneckenhaus. Sie hätten stattdessen etwas bekommen, da, zeigen Sie. Die blauen Himmel, die von oben gedunkelten Büsche und Bäume, die zu Schattierungen ihrer aus sich selbst bestehenden Wolke würden. Sie sagen, die Beschicker hätten ihren eigenen Abdruck am Beschickten hinterlassen. Die Beschicker hätten ihr eigenes Bild aufgedrückt. Sie sagen, Sie sehen die Gesichter der Täter mit den Taten. Die Gesichter zeigen sich von deren besten Seite, die Gesichter wollen Eindruck schinden. Sie sagen, per Satellit könne jeder Schuss und jede Bombe, jede attackierende Einzelheit aufgenommen werden. Alles könne man so erkennen. Sie sagen, alles, jedoch keinen blauen Himmel, fügen Sie hinzu. Es werde nicht getan, sagen Sie. Der Satellit nehme alles auf, auch das Unerwünschte würde der Satellit fixieren. Sie sagen, ein Fotograf im All. Sie sagen, gern würden Sie an den Schalt- und an den Aufnahmezentralen des Satelliten sitzen, an seinem Automatismus, jeden Waffengebrauch in Aufnahme meißeln. Jedem Waffengebrauch ein Gesicht zuordnen. Sie sagen, Sie hätten die visuelle Angewohnheit, bei jeder Waffenverletzung einzugehöriges Gesicht zu erkennen, das hinter der Beschickung stünde. Es sei zunächst gar nicht schwer, eine menschliche Form zu erkennen. Sie würden längst ganze Beziehungsverhältnisse mit dem Gesicht und den Gesichtern dahinter sehen. Einer dieser Verhältnisse habe eine Waffe gebraucht. Die Beziehungsverhältnisse hätten nun jemanden, der sein Gesicht oder ihr Gesicht an jemand anderem gelassen hätte. Sie sagen, das Gesicht hänge an dem Beschickten gleich einem Zettel, den die Beschickten an einem Zeh des Fußes gehängt bekommen würden, sofern noch ein Fuß da sei, einen Zettel daran zu hängen. Sie sagen, nun hingen jedoch diese ganzen Beziehungsverhältnisse mit auf diesen Zetteln, an dem Zeh des Fußes dran. Bei der Verwendung schwerer Waffen würden mehr Zettel zusammen kommen, sagen Sie. Sie sagen, auf Giftbehältern seien stets Warnbilder mit Totenköpfen darauf gewesen. Die Totenköpfe seien dabei jedoch das vorweggenommene Schicksal des Opfers oder, sagen Sie, nicht einmal das, die Totenköpfe sollten wohl eher den Besitzer des Gifts selbst warnen. Es sei somit stets der Totenschädel des Schickers und nicht der Totenschädel des Beschickten abgebildet. Sie sagen, auf einer Pistole hätten Sie solche Warnungen noch nicht gesehen. Es sei ja nicht besonders schwer, eine so einfache Warnung auf eine Pistole zu bekommen. Schiffe hätten solche Warnungen früher als kleine Flagge schon gehabt. Sie sagen, die kleine Flagge oder die kleine Abbildung seien nicht besonders abschreckend von der Wirkung gewesen. Sie sagen, Differenzierungen heute seien doch nur historische Kasuistik. Die Dinger hingen doch überall als Souvenirs herum. Sie sagen, die kleinen Flaggen hätten die Wirkungen sogar verdeckt. Die kleine Flagge werde erinnert. Die kleine Flagge sei zur Trophäe geworden. Körperteile seien auch schnell Trophäen gewesen, manche Leute hätten Köpfe mit sich herum getragen, kleine vom Knochen befreite Menschenköpfe, noch heute, sagen Sie, werden solche kleinen Köpfe geschwungen, wenn Waffenträger aus dem Krieg mit ihren Schiffen zurück kämen. Solche kleinen Köpfe, sagen Sie, auch wenn man es nicht immer erkenne. Die braune Pest hätte diese Köpfe schon vor jedem Angriff auf ihre Kappe genäht. Sie sagen, diese Köpfe hatten doch wohl überhaupt keine Wirkung entfaltet. Sie sagen, es sei alles andere als das Niveau eines Groschenromans, solche Ideen auf die eigene Mütze zu nähen. Groschenromane hätten gewisse Standards gesetzt, welche diese Totenkopfträger gleich verfehlten. Die Waffensysteme kamen und kommen zurück und würden zum Zeichen des Erfolgs Totenkopfsymbole tragen, Sie sagen, von wegen, alles unter dem Zeichen des Hakenkreuzes, man solle nur genauer hinsehen. Auf andere Waffen sei beim Abschuss ein Gruß geschrieben worden, eine obszöne Zeichnung. Sie sagen, all diese Spielchen, all diese unreifen Kindereien würden das Ziel selber verfehlen. Es seien eben keine Spiele und es seien eben keine Kindereien und es handele sich eben nicht um Reife, es zeige, was man da legal auf andere los lasse. Sie sagen, die kommen mit dem zurück, das sie bereits vorher im Kopf gehabt hätten, Sie sagen, zu einer Schickung sei es so gar nicht gekommen. Sie sagen, die Geschichten seien bereits zuvor bestimmt gewesen. Sie sagen, auch andere Waffen würde es geben, auf deren Folgen kein Anderes hinweise. Sie sagen, es habe noch ganz andere Waffen, Sie sagen, spontan würde Ihnen eine große Kampagne mit Leuchtkästen einfallen. Auf den Leuchtkästen oder vielmehr in den Leuchtkästen habe es illuminierte Propagandaplakate oder Propagandafolien gegeben, welche gegen Flüchtlinge hetzten, Sie sagen, es habe im Verlauf Anschläge und Tote gegeben. Sie sagen, das Wort Flut sei mit dem Antagonisten Feuer verbunden worden. Sie sagen, die Werbepsychologie kenne diese Tricks. Sie sagen, das Illuminieren der Nachrichten sei mit Feuer verbunden worden. Sie sagen, es habe noch nie vormals eine solche Kampagne gegeben, es sei die erste Leuchtkastenkampagne in Deutschland gewesen, die erste, sagen Sie. Sie sagen, die Täter seien nie bestraft worden, man habe den Tätern Verdienstkreuze verliehen. Sie sagen, man habe eine kollektive Erinnerung erzeugt, an deren Grund eine schützende Hand über die Täter gestanden habe. Diese unkorrigierte kollektive Erinnerung wirke weiter, alle tabuisierten die Vorgänge und die Folgen. Sie sagen, es seien so Leute beschickt worden, Sie sagen, es habe auf mehren Seiten Opfer gegeben, Sie sagen, diejenigen, die aufgehetzt worden seien, seien zuerst getroffen worden und hätten diese Treffer weiter gegeben, so viele Gesichter sagen Sie, so viele Gesichter. Es seien in dem Fall die Geschäftemacher und Hetzer, die Macher jener Kampagne, es seien diese Gesichter, die sich über die Wunden der Opfer ausgebreitet hätten. Es seien hier diese Gesichter. Wer bei so was mitmache, mache bei allem mit. Sie sagen, die Sauereien habe jemand schon vorher gesäubert, Sie sagen, vorher gesäubert, ohne sie angefasst zu haben. Sie sagen, man verleiht sich einen Preis, man gibt sich eine Bezeichnung, eine kleine Flagge. Einen Schrumpfkopf, die Zeichen einer vertikalen Weltsicht. Sie sagen, ein Schuss gehe nie nach vorn los, er gehe immer nach unten, der Aufstieg gehe immer zum Boden, er gehe immer zu Boden und dahin komme er nie, er lange nie an. Der Boden sei das, auf dem es nach vorn ginge. Auf jedem Körnchen Boden. Sie sagen, wie könne der, der seinem Foto und den Fotos seiner Beziehungsverhältnisse am Zehen eines Fußes gebunden sei noch weiter kommen. Sie sagen, nur im Krieg sei die Beschickung eine Angelegenheit der Ferne, einer Ferne, die ein bergab sei. Im Frieden würden die Gesichter von Bekannten an den Zehen hängen. Sie sagen, man solle die Leute so unter die Erde bringen, mit den Fotos und Gesichtern der Schicker an die Zehen der Füße gebunden. Sie sagen, was an den Zehen hänge, diene der Identifizierung. Wenn die Leiche aus dem Fach gezogen werde, habe man gleich alles zusammen. Die Überlebenden trügen die Gesichter der Schicker an den kleinen Finger gebunden. Man könne die Überlebenden in den Krankenhäusern besuchen und die an die Finger gebundenen Gesichter ansehen. Im zivilen Leben seien wohl über neunzig Prozent der Gesichter bekannte Gesichter. Sie sagen, Schockbilder auf Waffen regulieren und moderieren. Die Balance und das Balancieren würden als Schönheit verstanden. Die Schönheit bestehe im Effekt, im regulierenden Effekt der Schockbilder. Sie sagen, Schönheit habe kein Rangverhältnis, in Balance sei alles schön. Sie sagen, all diese weiß bekreuzten großen und endlosen Soldatenfriedhöfe seien außer Balance, die Schönheit sei künstlich, es sei alles außer Balance geraten, diese Friedhöfe verdeckten, sie klärten nicht auf, sie seien keine Warnung, weiß, gleich der Knochen toter Schnecken. Sie sagen, in der

Sprache hätten sie genug gesagt. Sie sagen, jetzt sei eine
andere Sprache dran, Sie würden Wiederholungen meiden,
Sie würden es etwas anders sagen.

The Photographer (english)

You say, you push for getting something. Others push and
pull for sending something. The send achieves, so, a state,
where nothing else can reach that send s destination. You say,
each sending of the kind destroys blue sky, ach sending of the
kind does. Whether the send nor the besended remain after
that process. You say, one could fall over the remaining and
focus on, something is absent then always. Something belongs
to which is not at present but still the reason for the
remaining under the conditions. Something s not there, it s
absent from the pictures, which one can take from the
remaining, the remaining there. You say, thereon has to
someone a souvenir stamped on. The souvenir of the kind
changed the other radical. The other often could, the other
often gets no opportunity anymore to stand to the souvenir of
the kind. The other so often melted into the kind of souvenir
with. The souvenir so instead displays and comes all over
them who take notice from and who have taken that already.
You say, don t I find, that something s missing on that joint.
So one couldn t present that joint, you say. You say, it is,
forced by the circumstances and approaches to the hardness of
time, something different than your usual and well chosen
occupation with blue skies. You say, instead of bullet holes on
the targets and of course bodies are meant, you say, you could
see small faces, you re realizing the sender of the bullet hole,
no, you say, the bullet hole is no constellation between things
of the world and other things of the world, it is a hole in

something and you say, you rather mean instead it is a hole in anything. The anything must suffer on many issues then and it so, why not, it is and it is ongoing. One can change the rate, one can change always that. You say, your English doesn t let you speak the same words than you rather did in German and you say, you re excusing yourself with another view onto yours, that German is also an substitute of the languages you had been socialised with while being small and little and far from the eyes and insights from yet. You say, the sender of the bullet hole let his, or her, face back substituting the bullet hole with. The face of the sender, you say, will eventually vanish with the deceasing of the target where the hole is stamped and pinned on. The place at his own body, the place which had been hit at the target wouldn t even hurt the sender on the sender s flesh. You say, attempt and result remain disintegrated while you see the sender s face substituting the hole on the skin, a skin terminated yet and rotting. You say, did anyone ever had seen a dead who had been fixed with a sending of the mentioned kind. You say, imagine Hemingway writing in the war saying the he just had send his face into another one s skin and another one s flesh and deep through the bones, the own face, what else could tell more of the story of oppression. And fight has a high price. You say shock pictures onto wars. You say, the besended slowly would start to change. You say, the besended is target of great activity, soon, at heat, not much of the former condition of the besended would continue it s ability for beholding it s integrity. Even faster processing not much more would remain from than a bleached snail s shell. You got something instead, there, you show. The blue skies, darkened from above, the constellation of light, the bushes and trees, which turned themselves to shades of a cloud, the same, you say, from which they consist. You say, the besenders let their own imprint pinned on the send. The besenders pressed their own image on. You say, you detect the faces of the offenders on the offences, the hunters on the hunted. Even the results of inappropriate self defence, you say. What kind is inappropriate? You re not judging. You re telling what you get, what your perception takes. The faces show themselves from their best side. The faces are out to impress. You say, via satellite each shot and explosion, each attacking unit could be recorded. Anything could be discovered the way. You say, anything, but a blue sky, you ad. The satellite collects all, also the unwanted, the satellite would fix and freeze, you say. You say, a photographer in the universe. You say, with admiration you would sit at the satellite s manual desk, on it s auto drive, each weapon s use sculpturing to a taken record. To each weapon s use a certain face assigned to, assigning to. You say, you have the visual habit to detect each certain face to any commitment of gun and weapon using. The certain face stands behind each besending. It s, at first sight, not difficult for detecting a human shape. You even see whole ships of relations and faces with the one detected face. One of those relations used a weapon. These relations now have someone who let his face or her face on someone else. You say, that face may hang on the besended like a note, a small piece of paper, which the besended got tied on one of their toes. Insofar as a foot is still there and with the foot the foot s toes and especially one which had been anticipated for receiving the note. The small piece of paper with the face on. You say, just now all those human relations hang according together with the notes and faces tied onto the toes of the feet of the besended target. You say, the using of heavy weapons gathers more notes and faces onto more toes and feet of more besended targets. You say, on bottles and container with poison always warning bald skulls had been pinned onto. The skulls in those cases just had been the anticipated doom of the victim, or, you say, not even that, the skulls only should have warned the owner of the bottles and containers, not anyone else. Just the owner and the owner s people. Thus so it s always the skull of the sender pictured on the poison, not the besended, you say, the besended is excluded from the warning, the notes for the toes already sculptured and written. You say, you never saw those kinds of warnings on pistols and guns nor on other kinds of weapons. Isn t it strange, from all civil dead outside wars ninety percent of the targets are killed or harmed by the own people and so called befriended relations. Friendship and relationship emerges as very dangerous. You say, it s not very difficult to print warnings onto all kinds of weapons, not those immature and romanticizing skulls but more sustainable treated reality, more so, than bloodless representation. You say, anything can turn to weapons. You say, in Germany in the early nineties of the twentieth century campaigns against refugee seekers had been extremely run over the country. No one put a warning sticker on the campaign and showed what the campaign really had been. It had been the first campaign where illuminated glass or light boxes had been used with the result, you say, that the first timer ever houses and buildings of foreigners and refugees had been burned and illuminated with fire and many dead from, the first time, you say, since the Shoah. The besender had been all who participated with the campaign. The faces of the senders had been burned all over the bodies of the besended. None of the public detected those faces. You say, you did. You say, ships in the older times always had those small flags. You say, the small flag or the small imprint of the flag weren't very scaring off. You say, those flags even hid their anticipated result. You say, the small flag is remembered, the small flag even turned to a souvenir. Body parts also turned easily to souvenirs, souvenirs shrink reality, like shrunken heads. The horror even had been socialised and the bloody fate, you say, but turned bloodless. You say, today the substitutes of those little heads are swung when war parties return from the front, a painted skull on the surface of a tank, a plane, means success, and success, you say, mean people killed. A socialised result to immature sketches. Maturity looks different, you say. The brown plague would have had those kinds of shrunken heads already on their caps before any attack. You say, those heads wouldn t have had any impact. You say, it s far beyond any cheap novelette to sew such statements on the caps, cos especially the German cheap novelettes counted on morals and immanent ethics. The caps didn t pick up any morals while the cheap novelettes set ethical standards. Cheap people don t read big literature, it doesn t mean they re having no standards. You say, instead of shock pictures for themselves silly proverbs and sayings had been written onto rockets and bullets before sending them. Obscene and offending sketches, you say, it had been total domination but anything which had been left over after had been your mentioned faces. You say, all these games, all those immature activities would fail itself, would fail the target. Cos these expressions aren t games. You say, the return with the same state in their heads which had been there before. Yo8ui say, to a sending so it never had come. You say, the stories had been tuned already before. You say, the mess had been cleansed before, someone cleansed the mess before. You say. Before, you say, without touching the mess. You say, one awards oneself a prize, one gives to oneself a title, a marker, a small flag. A shrunken head, the signals of a vertical world view. You say, a shot never goes forward, it goes always downward, the ascending always goes to below, always to the below and to the below and never arrives at and never arrives, you say. It s the ground on which it goes forward. On each grain of ground. You say, how could the one, who hangs with his or her picture and the picture of all his or her social relations on a toe of a foot still get forward. You say, only at

war the sending is a business of the distanced and far away, a
distance which is a downwards. At peace time the faces of
relations would hang tied on toes. You say, one should bury
those people with the faces and notes tied to their toes, the
pictures of the sender. You say, what is tied to the toes serves
for identification. When the dead is pulled out of the freezer
one had all just anything completed with. Survivors of
sendings, the besended, carry the pictures of the sender tied on
their fingers. One could visit the survivors in hospital and
looking to the faces tied on a carrier to the fingers of the
besended. In civil life nearly ninety percent of the tied faces
would be known faces and no foreigners. You say, who ever
invented xenophobia wanted to hide something. You say,
shock pictures on weapons moderate and regulate. Balance
and balancing are understood as beauty. Beauty consists with
the effect in the regulating and moderating result of shock
pictures. You say, beauty is no relation of rankings, with the
constellation of balance anything is beautiful. In an abstract
way, anyone can belong to the good side, in the concrete way
no one is. Do you know that thousands of shots and splinters
hit one square centimetre, you say. How many faces, you add.
So many, you say. Some in flesh, bones and skin. Don t you
get sick seeing a face. All those kinds of faces flying in the
sky. Even the west understood the golden mean as beauty but
a beauty to a centered subject, a beauty of subjectivated
proportions, not the body of balanced constellations. In the
east beauty consists of including the absent, the present and
the absent are balanced, life and even death. In the west
according to Greek thought the imperfect, the disproportioned
is excluded, the west invented a ranking over balance, the
west invented exclusion. In the east anything is balanced,
regulated. The excluded doesn t exist. Even the east fails itself
and sends faces. While even in the west the east is met and no
faces are send. In total anything belongs. The unthought, the

excluded is and is possible. Beauty always had been understood as an ethical base, you say. Balance looks for an equilibrium in the west, it is equality in the east. Equality in the east means balance as a process and not balance as a state. Statue comes from state, you say. A statue is a subject. A state subjectivates. In the west beauty sticks, in the east it flows. Balance means flow there, you say. Moderating means the anticipation of a state in the west; it means flow in the east. It means a law, a right in the west; it means flow and change in the east. On the one side balance is a state and subject on the other it s process. On one side beauty is the goal; on the other beauty is a process. On one side beauty is understood as an achievement, on the other beauty already is cos each made inch is made with balance and therefore with beauty. The failing of a fixed view of beauty show the endless grave sites of dead soldiers at memorial sites. Thousands of graves with white crosses all over the horizon, there s no process. But under the surface in the earth many faces, countless tied on bony toes, you say. All those dead s faces are tied at their toes in other graves, other graves of beauty, the graves of the besender somewhere else, you say, endless horizons. There s no beauty with all the numbers too high and out of balance. Reality and the real are suppressed with all those constructed and cleansed sites, cleansed from any shock, fooled, you say.

***

Die folgenden beiden bereits unter anderem Kontext veröffentlichten Stories passieren unter shock pictures onto weapons. Die Stories klingen seltsam. Das Seltsame des Regulierten, des Balancierten. / Following previously under a different context released two stories happen under shock pictures onto weapons. No shot fired. Only a laugh maybe. A chicken hut. A hut for pets. All war happens in a shed for chicken. And a loud laugh. There s no inside nor any outside of a war, or peace. Civil life follows the same balance with shock pictures onto weapons. A balance approximately. / Mein österreichischer Großvater verriet die Deutschen durch lautes Lachen, er stoppte das Lachen nicht. Die Amerikaner nahmen ohne Blutvergießen alle gefangen. Das Lachen schockte die deutschen Soldaten. / Laughing shocked the German soldiers. My Austrian grandfather pinned laughing onto the weapons, a shocking laughing. A moderating laughing, balancing.

Westen

Da sind wir wieder. Bis an den Horizont Wiesen. Über die wir mit den Fahrrädern fahren. Grenzenlos Wiesen, wir fahren mit den Rädern grenzenlos über Gras. Wir ziehen mit unseren Rädern über die Gräser. Du kannst Deinen Ball nicht wieder haben. Wirf mir meinen Ball rüber. Kann ich meinen Ball wieder haben. Wir sind eine Maschinerie, wir sind Aufwiegler. Wir wiegeln auf. Wir rühren auf. Wir sind eine Maschinerie zum Aufrühren. Schatten rühren Dinge immer auf. Ein Autor ist und bleibt stets ein Fremder, er ist stets fremd, gleich der Wirklichkeit von Schatten. Schattenwirklichkeiten. Ja, Du sagst es, wir sind Teil eines Werkzeugs. Ich sage, dass ich sagte, wir seien Teil eines Werkzeugs. Wir legen Halme um. So, der Autor schreibt also in unserem Schatten, spricht von unserem Schatten aus. Der Autor ist unser Schatten, während wir daraus zurück scheinen und uns durch seinen Schirm auf die andere Seite des Schattens übertragen. Der Schatten gleitet neben unseren Rädern durch die Wiesen. Wir scheinen durch die andere Seite des Schattens zurück, wie machen wird das, wie haben wir das geschafft. Geht so einfach wie wir einen Schatten haben. Er hält den Regenschirm in seinen Händen, der Ideen übertragende Regenschirm. Der Regenschirm überträgt die Ideen. Auch ich sage, der Autor ist ein Schatten. Schatten sprechen mit Akzent, sage auch ich. Das ist das, was ich gesagt habe. Nein, das habe ich gesagt. Der Schatten ist ein Fremder in der Welt des Lichts. Das habe aber ich gesagt, das sagte ich. Ich auch. Ich aber auch. Pass auf, ich habe das auch gesagt. Das sagte ich auch. Wir müssen was gesagt haben. Gesagt und über das Gras gefahren. Schatten ist Licht durch eine andere Sprache. Das war ich. Das ist doch nicht so wichtig. So viele Halme. Der Schatten ist die vom Regenschirm übertragene Übersetzung. Du nimmst den Regenschirm und setzt Dich unter seinen Schatten. Wir fahren unter dem Schatten. Du nimmst den Stock um damit den Schatten in Reichweite zu rücken. Dann brauchst Du mit dem Rad nicht von der Bahn kommen. Sprache ist auch die Idee von Sprache. Die ist dabei wie die Milch im Kaffee. Ich sage, die ist dabei wie der Stiel mit dem Stängel. Dir geb ich nicht Recht. Er ist kein Fremder. Es muss ein Geist sein. Dann ist er ein Geist. Dann ist er ein Geist. Die ist geisterhaft. Die Sprache des Autors. Wir sind Geister oder wir sind Engel. Das ist ein Artefakt, habe ich gesagt. Wir sind Radfahrer. Besitzen wir tatsächlich einen gemeinsamen Grund, wenn die Sprache herein schneit. Gehören wir wirklich der sinnlichen Welt an, wenn unsere Sinne übersetzen. Haben wir wirklich gesprochen. Sind wir wirklich gewesen. Die Sprache öffnet das Feld der Fantasie, sag ich. Ich, sag ich, sag das auch, dabei fahre ich ein ganz anderes Rad als Du über die Wiesen. Wenn so, jedenfalls, müssen wir etwas Sinnvolles sagen.

Eines weiß ich. Sag es. Wir fahren etwas Sinnvolles. Wie könnten wir nicht etwas Sinnvolles fahren. Etwas Unsinnvolles ist unfahrbar. Platz für meine Frage. Frag los. Besitzt der Autor Sinne? Die Sinne sind Übersetzer. Die Sinne sind Überträger, sie übertragen, sie sind Überträger. Schone Deine Zunge. Der Klang in seiner Bedeutung wird durch Sinne übertragen. Hat der Autor Bedeutung? Das war eine gute Frage. Das war eine gute Frage. Das war eine gute Frage. Das war eine gute Frage. Und auch ich sage, das war eine gute Frage. Fehlt einer? Ich weiß es. Sag es. Der Autor hat eine Bedeutung. Wir werden über die Wiesen bedeutet. Die Wiesen sind groß. Die Wiesen sind grenzenlos. Das bedeutet Gras. Das klingt nicht sehr rational. Es ist spezial. Spezial. Es ist etwas Speziales. Die Übersetzung bezieht sich nicht auf die Sprache aber auf die Sinne. Die Übertragung bezieht sich auf die Sprache, die Sprache steckt an. Die Sprache wirkt ansteckend. Ich sehe Gras. Rundum sehe ich Gras. Wir übersetzen das Gras in eine Richtung. Wir übertragen es nicht. Das Gras trägt uns. Vielleicht überträgt es uns. Zur Sonne übersetzen wir das Gras, zur Richtung. Unsere. Die Sinne erzeugen Gefühle. Es ist an den Sinnen. Die Neuigkeiten sind gleich wie sie immer sind. Sagst Du da was. Sprache bezieht sich wirklich auf die Sinne, nicht auf die Worte. Wir machen viele Worte. Wir beziehen uns dabei auf uns, wir beziehen uns dabei nicht auf die Worte. Ich beziehe mich dabei auf das, was wir gesagt haben. Das habe ich selbst gehört. Ich auch. Sie sind gerade weg für die Neuigkeiten. Was machen unsere Wanzen? Wir haben es nicht gekauft, sollten wir es gekauft haben. Wir haben nicht. Oder haben wir. Wir haben nicht. Haben wir? Lasst uns nicht drüber reden. Oh, ja, das Ding. Welches Ding? Warum das Ding? Wir kauften es nicht, das Ding. Alles lief anders. Wir haben es nicht gekauft. Danke. Kann ich den Ball haben? Natürlich haben unsere Wanzen es verdient, warum? Unsere kleinen Wanzen. Unsere Wanzen?

Sind unsere kleinen Wanzen in den Neuigkeiten? Nein, eben geradeso, ein Fremder. Möglicherweise ein Vorsetzer. Es setzt vor. Es übersetzt nicht. Der Name des Mediums ist nicht Sam. In den alten Zeiten hat man während des Krieges nie einen Soldaten gesehen. Die Soldaten waren anderswo. Er hat gesagt, einander zu helfen sei das gewesen, wie Kriege früher wirklich gewesen seien. Nein, nicht einander zu helfen. Soldaten zu schicken? Ist das nicht eine Form von Krieg. Soldaten würden geschickt werden. Gerade so auf Fahrrädern. Gerade so. Ganz gerade so. Die Leute helfen einander nicht. Vielleicht hat es etwas wie ein Krieg früher gewesen ist. Die Soldaten helfen. Nach schweren Stürmen oder Erdbeben schicken sie Soldaten. Ja. Das tun sie. Das tun sie. Man denkt nie wirklich darüber nach, was einander helfen wirklich bedeutet hat. Man weiß nie. Irgendwas ist und irgendwas ist falsch. Mein Sprechen ist von dem verschieden als es vergleichbarer Weise immer gewesen ist. Ich spreche anders als ich jemals gesprochen habe. Ich auch. Wir sollten die Sache mit dem Medium vergessen, weil nie wirklich eines da sei. Das können wir nicht. Das Medium würde bekommen, was es wollte. Das würde nicht funktionieren, es würde bedeuten, wir würden einander helfen. Auch ich glaube, dass wir anders reden als wir jemals vorher geredet hätten. Es liegt an den Wiesen! An den Wiesen? Ja! An den Wiesen. Es liegt an den Wiesen. An den Wiesen? Wir reden anders als wir vorher jemals geredet hätten bevor wir auf diese Wiesen gekommen sind. Wir haben niemals so geredet. Geredet haben wir vorher so niemals. Niemals. Niemals haben wir vorher so geredet. Niemals so bevor wir auf den Wiesen waren. Dann sind es die Wiesen? Ja. Wiesen so weit das Auge reicht. Gras. Wie hieß der Satz? Welcher Satz. Der Satz. Der Satz, der Satz, der das Sprechen wird durch Sinne bedingt, es wird nicht durch die Worte bedingt. Das heißt. Das würde heißen. Das heißt es. Das hieße es. Das hieße, wir würden die Wiesen sprechen. Das hieße, wir würden die Wiesen zum Sprechen bringen. Dann sprechen die Wiesen. Sprechende Wiesen? Ich höre nichts. Ich ahne nichts, ich will nichts ahnen. Wiesen. Nur Wiesen. Und nur Wiesen vor Augen, nur Wiesiges. Die Wiesen? Lasst uns alle schweigen. Und die Klappe halten. Es wird vorbei gehen? Dinge von anderen Planeten rühren immer alles auf. Möglicherweise ist es etwas von einem anderen Planeten. Die Wiese ist jemand eines anderen Planeten? Sei still. Wir sollten dieses Medium stoppen. Diese Übersetzung. Diese Vorsetzungen. Wir sollten die Klappe halten. Das Medium spricht. Welches Medium? Das ist das Medium. Wir sollten die Klappe halten, wir sollten endlich die Klappe halten. Wir halten die Klappe. Cut. Idiot. Mir hat es immer auf den Nägeln gebrannt, wenn sie früher über die weiten Prärien ritten, nebeneinander, was sie dabei wohl geredet hätten. Wer? Alle, die durch die Prärien geritten wären, alle. Sie schwiegen. Dann war es damals schon so. Sie hat aufgehört. Eine Kriegszone würde keine besonderen Pässe benötigen. Was? Die Wiese hat aufgehört. Nein, so weit die Augen reichen. Alles Gras. Sie hat aufgehört. Keine besonderen Pässe würde die Kriegszone benötigen. Wir würden eine Kriegszone erzeugen. In den alten Zeiten nannte man das einen Krieg. Wir sollten versuchen zu lernen einander zu helfen. Ich bin mir sicher, sie fängt wieder an. Fremde rühren immer Dinge auf. Es hat zu viel Grips für einen Soldaten, vielleicht ist es ein Fremder. Es fängt wieder an, es beginnt wieder. Aber vielleicht, ein Soldat, ein Fremder. Es macht weiter. Nein, mit den Sprachfertigkeiten ist es kein Polizist in Ruhestand. Warte, sei still, sag nichts. Aber Du sagtest. Sei still, warte. Vielleicht ist es ein Polizist in Ruhestand oder es ist ein Soldat, ein Veteran. Es macht weiter. Wir sollten besser die Klappe halten. Ich habe so nie. Sei. Eine Sache würde ich denn gerne wissen, das Medium ist nicht bezahlt? Ich bin sicher, das Medium kommt von irgendwo anders. Möglicherweise und einfach genug sind wir in solch einer Zone. Wir sind auf dem Rasen! Dabei sind Rasen so sicher. An dem Punkt waren Kriege niemals mehr als sie bevor waren. Mir drehen sich die Zehennägel ein. Du bist einfach darin bevor Du´s weißt und ohne einen Sonderpass zu benötigen. Der redet doch nicht mit uns. Haben wir mit uns geredet seit wir auf der Wiese sind, haben wir? Die Regierung begann, solche Zonen in größeren Abständen um diese herum zu bauen. Man weiß wirklich nie, in was für einer Zone man wirklich ist. Manchmal nennen sie eine Zone Nation. Das ist sicher nicht das Prinzip einander zu helfen. Zonen nehmen immer. Eine Zone nimmt. Eine Pflanze lebt für das Prinzip des Wachsens, eine Pflanze wächst. Es würde keine Pässe für die Pflanzen der Polizisten geben. Die Pflanzen der Polizisten würden niemals in das Stadium des Geerntet-Werdens gelangen, es würde besondere Pässe für die Pflanzen brauchen. Der redet nicht mit uns, jeder Satz passiert einfach. Jeder Satz passiert einfach, er passiert. Ja, er passiert, er passiert. Die Sätze passieren einfach. Eine bleibende Regierung versteckt sich nicht und hält sich nicht auf der Oberfläche auf. Weil die Polizisten nur Dinge pflanzen würden, die unter der Oberfläche wüchsen. Das ist eine Art Logik. Den Polizisten wäre nicht erlaubt, ihre eigenen Felder zu bestellen. Weil niemand sie in die Zone lassen würde. Und sie würde eine besondere Zone um sich selbst aufbauen. Sie würde Hunger bekommen, ihr würde langweilig werden, sie würde beginnen, Pläne zu machen. Sie würde eine Bleibende sein. Dann würde die Regierung uns zeigen, welche Sorte von Regierung sie wirklich ist. Sätze passieren einfach. Passierten unsere auch so. Wissen wir´s? Die Regierung würde uns das niemals tun lassen. Die Wiese? Wenn wir begännen, uns in den heutigen Zeiten zu helfen, würden wir einen Krieg erzeugen. Möglicherweise, weil niemand sie reinlassen würde. Bleibende Regierungen bauen heute solche Zonen um sich herum auf. Eine fliehende Regierung floh niemals in solche Arten von Zonen. Die Leute zeigten niemals besonderes Interesse, Spezialpässe für jene Waffenstillstandszonen zu bekommen. Vielleicht sehen die Leute eine Person, welche zu jener Zone gelangte, den Sonderpass vorzeigte und hinter den Grenzen jener Zone verschwand. Möglicherweise dächten die Leute, dass diese Person nicht mehr wie jede andere sein würde. Nicht jeder war mehr wie jeder zuvor. Ihr mögt den Effekt verstehen, welcher aus solchen Zonen herrührte. Jene Waffenstillstandszonen teilten die Leute, wo jene Waffenstillstandszonen gültig waren. Jene Zonen mit ihren Sonderpässen reichten weit raus nach draußen in den Krieg. Eine Waffenstillstandszone war eine tricky Angelegenheit. Es steckten immer obskure Elemente dahinter. Jene Sonderpässe für jene Sonderzonen wurden niemals von einer Regierung ausgehandelt oder ausgegeben. Waffenstillstände sind niemals von einer Regierung gemacht worden. Ein Waffenstillstand war eine sehr böse Situation. Nicht jeder, und ihr mögt die beginnenden Probleme entdecken, bekam einen Sonderpass. Man benötigte Sonderpässe für jene Zonen. Ein Waffenstillstand produzierte Sonderzonen, wo der Waffenstillstand gültig war. Probleme tauchten immer durch Waffenstillstände auf. Ein Krieg war eine großartige Zeit. Jede Person war jeder. Es gab keine besonderen Orte in Kriegszeiten, ein Ort war Jederort und überall. Um miteinander zu sein. Der Krieg war eine Schnittstelle einander zu helfen. Die Leute haben verlernt mit einem Krieg zu leben. Krieg war eine völlig verschiedene Sache. Ein Schauspieler wird immer bezahlt. Sie schauspielerten als es Schauspieler niemals konnten. Und sie sind nicht bezahlt worden. Sie schauspielerten. Die Polizisten waren die Schauspieler. Ich habe in meinem ganzen Leben nie einen Schauspieler gesehen. Die Schauspieler. Was taten die Schauspieler? Bist

Du Dir sicher, diese Frage zu stellen? Was? Ob Du Dir? Ein Polizist ist ein sehr erdverbundener Typ. Sie bestellten ihre eigenen Felder, niemand begann zu jagen. Die Polizei gab in Kriegszeiten niemals einen Schuss ab. Das kam von ihren Verstecken. Das ist die Wiese, die Wiese ist es. Für die Polizei war es als wären sie von der Regierung bezahlt worden. Eines Tages ernteten die Polizisten ihre Felder. Das brachte sie der Regierung näher, welche sich genauso versteckte. Die Wiesen! Polizisten bestellten üblicherweise Dinge, die unter der Erde wachsen. Die Polizisten bestellten ihre eigenen Felder, sie wurden nicht bezahlt, wegen der gegangenen Regierung. Die Polizisten begannen, ihre eigenen Felder zu bestellen. Wie ich immer sagte, lass es laufen. Hat er das wirklich immer gesagt? Die Regierung ist sehr stolz auf die Leute gewesen, sehr stolz. Die Leute sagen, sie hätten einander in den Kriegszeiten geholfen. Die Regierung tauchte einfach auf nach einer Weile. Sie taten das, ohne Nahrung zu brauchen, ohne Langeweile zu bekommen und ohne Pläne zu benötigen. Möglicherweise kamen sie eines Tages zurück und erklärten, sie hätten uns von jenem bösen Krieg befreit, der gekommen war. Eine sich fern versteckende Regierung machte niemals Pläne. Und jene aber haben Pläne gemacht. Und jene wurden hungrig und jene bekamen Langeweile. Das erklärt, was eine bleibende Regierung wirklich ist. Eine sich nah versteckende Regierung war eine schwache. Eine sich weit weg versteckende Regierung war eine gute. Sie konnte sich überall verstecken, besser sehr weit fort als sehr nah. Wo ist die Regierung? Niemand bemerkte etwas von ihr. Wir haben einen Krieg. Oh, die Leute wussten und jeder sagte, ja, das ist Krieg. Die Leute antworteten sich, die Regierung sei geflohen. Die Leute fragten sich, wo die Regierung sei. Die Regierung hatte zu fliehen wie sie die ganzen Zeiten davor geflohen gewesen war. Die Wiesen, die Wiesen. Es sind die Wiesen. Es sind die Wiesen. Es sind die Wiesen, was für eine

Idee, mit den Rädern die Wiesen zu bezwingen, was für eine Idee. Was für eine Idee das war. Das Sprechen. Es spricht. Sagt was. Schweige. Besser schweigen. Wir schweigen. Wir würden einfach über die Wiesen fahren. Jene wurden durch und durch so gelangweilt und begannen, Pläne zu machen. Der Krieg war nie hungrig. Jene wurden hungrig für mehr und mehr bekamen jene Hunger und jene wurden dabei so gelangweilt, es war Krieg und jene hatten nichts zu tun außer zu fliehen. Aber jene taten es nicht und jenen wurde es langweilig, es kam eine große Fadheit. Die Regierungen flohen üblicherweise, aber jene klebten, wo sie waren. Der Krieg war wie Frieden und er war besser als Frieden. Krieg war eine unvergleichlich verschiedene Angelegenheit. Krieg war nicht das Ding, über das die alten Männer redeten. Krieg war was anderes. Die Leute halfen einander. Die Regierungen flohen und versteckten sich irgendwo. Heute bleiben die Regierungen aus Angst vor der Fremde, dem Seltsamen, das produziert Kriege wie sie heute sind. Der Name des Mediums ist nicht Sam. Wir sind alle wirkliche Geister. Wir sind alle wirkliche Geister. Ich habe meine Sprache verloren. Das Medium ist kein wirkliches Medium und kein Muttersprachler. Wir sind alle wirkliche Geister. Wir sind alle Geister. Das Medium taucht nicht auf. Wir sind wirklich. Ist das Medium wirklich. Was versteht das Medium schon. Das Medium schwebt ganz durch uns durch. Das Medium schwebt ganz durch uns. Wenn das so ist, ist das Medium, Gras? Die siebte Person? Was steckt hinter all dem. Welcher Rhythmus. Sinn. Wir alle. Wir alle. Ich fühle mich als würde ich durch ein Medium sprechen und das Medium hat Sprachschwierigkeiten. Gleich Leuten, die ihre Sprache verloren haben. Wer sind wir. Wie wir nicht wir selbst sind. Wir sind alle Geister. Nein, Du bist materialisiert. Gehöre ich zum Material? So weit das Auge trägt.

A Cit

Personnel: Jack Thiebeau, John Nesci, O-Lan, Ebie Roe Smith, James Dean, Bob Feldman

JT: Am I a material.

O-Lan: No, you´re a material actor.

Bob: We´re all ghosts. We´re all ghosts.

Ebie: As we are not ourselves. Who are we. Like persons who lost their language. I feel like speaking through some medium and the medium is not a native speaker. I think the whole cast got that problem. What is behind all this. What kinds of rhythm. He, medium. If that is so, the medium is the eighth person, the eighth as the author never had been. The medium floats through us entirely. The medium floats entirely through us. What does the medium understand. Is the medium real. We are real.

Bob: We´re all ghosts. We´re all ghosts.

Ebie: We are real. The medium is not showing up.

Bob: We are all ghosts. We are real ghosts.

Ebie: The medium is no real medium. And not a real native speaker. I lost my language.

Bob: We are all ghosts. We are all real ghosts.

Ebie: The medium´s name is not Sam

O-Lan: War had been a different thing. People helped each other. The government fled and hided somewhere… today the governments stay out of fear for the foreign, the strange that makes wars like today…war had not been that thing the old men told war had been a total different thing… war was like peace and it had been better like peace…

The war never had been hungry… the staying government got hungry, the needed food because it had been war and the governments usually fled in war times but they began to stuck where they was… they got hungry and hunger for more and more and they got so bored, it was war and they had nothing to do than to flee, but they didn't they got so bored, thy kingdome come it came a boredome. They got so bored all over and then started making plans.

They had to flee like in the all times before they fled. The people asked each other people where's the government. The people answered each other people the government fled. Oh the people knew and each other said, yes, that is war. We have a war. Where is the government, no one heard anything of. It could hide every where, better very far than very near. A far hiding government had been a good one. A close hiding government was a weak one. That puts it what a staying government really is. And they got hunger and they got boredom. And they're making plans. A far hiding government never made plans. Probably they came back some time telling that they freed us from that fierce war that came. They did that without needing food, without getting bored and without needing any plans. They just showed up after a time. The people said that they helped each other in that war times. The government had been very proud about the people, very proud. As I always said, keep it walk. The policemen started growing their own fields. They got no pay because of the gone government.

Ebie: The gonerment.

Bob: The... oh yes. The gunnerments like todays. The policemen grew their own fields. Policemen usually produced things growing under the earth. That put them close to the government which was also hiding. And then some day the policemen harvested their fields. To them it had been like being payed from the government. It came from their hiding place. The police never gave a shot in war times. They produced their fields, no one started hunting. A police man is a very down to the soil people.

JT: What did the actors did?

Bob: The actors. I never saw an actor in my whole life. The policemen was the actors. They acted. They acted like an actor never could. And they got not payed. An actor always gets paid. War was a total different thing. People unlearned how to life with a war. The war had been like an interface for helping each other. It had been no special place in war times, a place had been just every place and any where anywhere had been everywhere. Each one person had been every one. A war was a very great time. Problems occurred always through so called cease fires. A cease fire produced special zones where the cease fire got a value. One needed special passports for that zones. Not everyone, and you may see the starting problems, got that special passports. A cease fire had been a very mean situation. Cease fires never had been made by a government. Those special passports for that special zones never had been handled out by a government. Always obscure elements had been behind that. A cease fire always had been a tricky situation. That zones with their special passports reached out into the war. That cease fire zones split the people where the cease fire zones had been of value. Not everyone was like everyone anymore, you may understand the effect which came out of that zones. Probably the people saw a person who got to that zone, showed his special passport and vanished behind the border of that zone; probably people thought that this one is not like everyone any more. People never showed much interest in getting that special passports for that cease fire zones. A fleeing government never fled into such kinds of zones. Staying governments today build such zones around them. Probably because no one would let them in. If we would start helping each other now in todays times, we would create a war.

JT: The government never wouldn´t letting us do that.

O-Lan: Then the government would show us what kind of government it really is. It would be a staying one. It would got

hungry, it would got boredome, it would start making plans.
And it would build a special zone around itself. Because no
one would let it into that zone. The policemen wouldn't be
allowed growing their own fields. That's a kind of logics.
Because the policemen would only grow things growing
under the earth. A staying government is not hiding and it is
not on the surface. The policemen's plant never would got
into the state of being harvested, it would need a special
passport. It would not have any passports for the policemen's
plants. A plant lives for the principle of growing, a plant
grows. A zone takes. Zones always take. That's surely not the
principle of helping each other. Sometimes a zone is called
nation. One never really knows in which one of zone one
really is. The government started to built the zones in a wider
range around them. You just simply are in it before you know
and without needing a special passport. At that point wars
never had been like they were before.

Probably and simply we may are in such a kind of zone. I am
sure the medium comes from somewhere else.

JT: One thing I would then know – the medium is not payed.
Maybe it's a retired police officer or a retired soldier.

Ebie: No, with that skill of language it's not a retired police
officer. But maybe a soldier, or a foreigner.

JT: It has too much brain for a soldier, maybe it's a foreigner.
Foreigners always stir things up.

Bob: We should try to learn to help each other. In the old
times that had been called a war. We would create a war zone.
A war zone wouldn't need any special passports.

James D: We should shut up. That is the medium. The
medium speaks. We should shot up. We should stop that
medium. It's maybe someone from another planet. People
from other planets always stir things up. Just let's shut up all
together.

O-Lan: That wouldn´t work, it would mean we would help each other. The medium would got what it wants. We cannot do that. I myself had been always easy going and never built a front. We should forget about a medium because there never really is.

James D: I do not talk as I ever talked before. My talking is different from than it ever was. There is something and there is something wrong. I smell a bat.

Ebie: And bats fly.

James D: Sure, bats fly. They can just be almost everywhere. The bat today is a whole situation.

Ebie: Maybe if there a medium really is, it may be a priest.

Ebie: So what for a priest.

Ebie: You missed the f-word.

Ebie: It´s no priest.

Ebie: One never knows.

O-Lan: One never really mentioned what helping each other really was. After a hurricane or, if you want, earthquakes, they send soldiers. The soldiers help. Maybe it has something like a war was before. People do not help each other. Soldiers would be send. Isn´t that a kind of war.

Ebie: Sending soldiers?

Bob: No. Not helping each others.

JT: He said helping each others was like a war really was.

Bob: The soldiers had been elsewhere. In wars one never saw a soldier in the old times.

James D: The medium´s name is not Sam.

O-Lan: It does not even translate.

Bob: It transearlies. Maybe a Transearlvanian.

JT: No, just a foreigner.

---*John Nescie showing up*---

JN: Are the little bugs in the news?

Bob: Our bugs?

JN: Our little bugs.

Bob: Why that.

JN: Just so, didn´t our little bugs didn´t deserve it?

Bob: Of course our little bugs deserving it, so why.

JN: Can you just give me that ball?

Bob: I am not getting bald.

JN: The ball, can I have (*gets ball*).

Ebie: We didn´t bought that that thing, why.

JN: Everything went different, it didn´t came up, everything went different. So why the thing.

O-Lan: What thing.

Ebie: Oh just so. The thing.

JN: So it didn´t came up. Then let´s not talk about. We didn´t bought. Ok. Is ok. Because we didn´t bought it. What the bugs doing.

Bob: Just off for the news.

Ebie: And the news are like they are anytime, language really depends on the senses, not on words. It´s on the senses. The senses create feelings. Translation not depends on the language but on the senses.

JT: That sounds not very rational.

Bob: The sound in it´s sense is transmitted through senses. The senses are translators. Did the author has senses? If so, anyway, we must say something right.

O-Lan: But language opens the fields of fantasy. Did we really are. Did we really speak. Do we really belong to the sensual world when the senses translate. Do we really have a common ground, when language drops in. This is an artefact.

James D: Then ghosts or angels we are.

Ebie: The authors language.

Bob: Is ghostlike.

Ebie: Then he is a ghost. It must be a ghost. No foreigner.

Bob: But language also is an idea. You take the stick and reach on for the umbrella. You take the umbrella and sit under it's shadow. The shadow is the translation the umbrella transmits. Shadow is light through another language.

O-Lan: Shadow is a foreigner in a world of light.

Bob: Shadow speaks with an accent.

JT: The author is a shadow.

Bob: Nope. He holds the umbrella in his hands, the umbrella transmits the ideas.

James D: We shine back. The author is our shadow while we shine back transmitting ourselves on the other side through his umbrella. So he writes in the shadow, speaks in our shadow.

Bob: We are part of a tool.

Ebie: Yeah, this is a tool we are part of it.

JT: The author but still is a foreigner like shadows really are. Shadows stir things up.

Bob: It's a stirring up machine.

Ebie: We are a stirring up machine. Isn't a machine concrete.

Bob: Can I have the ball back please.

JN: You cannot have the ball back please.

www.ingramcontent.com/pod-product-compliance
Lightning Source LLC
Chambersburg PA
CBHW020714180526
45163CB00008B/3088